RÉPONSE

AUX

NOTES ET SOUVENIRS

DE

M. DE VITROLLES

PAR

J. ROMAN

ANCIEN OFFICIER DE LA GARDE MOBILE DES HAUTES-ALPES

GAP

TYPOGRAPHIE DE P. JOUGLARD.

RÉPONSE

AUX NOTES ET SOUVENIRS

DE

M. DE VITROLLES

———◆◉◆———

M. de Vitrolles s'est décidé, après six mois de réflexions, à répondre à la brochure par laquelle j'ai défendu mon honneur, si injurieusement attaqué dans son rapport officiel. La tâche n'était point facile; on le voit assez en lisant son libelle. Usant d'un procédé familier à tous les avocats de causes perdues, il s'est lancé, à propos des faits les plus futiles et les moins intéressants, dans des digressions interminables. Du reste, la situation est bien changée : on ne reconnaît plus, dans sa nouvelle production, l'homme sûr de lui, lançant les affirmations les plus étourdissantes dans un rapport qu'il espérait devoir demeurer secret. Non : renonçant désormais à m'attaquer autrement que par des insinuations malveillantes et sans consistance, il emploie la meilleure partie de sa prose à se défendre; fidèle à ses habitudes militaires, M. le commandant bat en retraite.

Je ne le suivrai point sur ce terrain : M. de Vitrolles est un héros, c'est entendu; c'est une victime indignement calomniée, je le veux bien; ses rares qualités ont été méconnues, j'y souscris des deux mains, et, s'il y tient, je pousserai même la condescendance jusqu'à reconnaître qu'il n'ignore point l'orthographe. Que m'importe tout cela : l'opinion publique, notre juge commun, prononcera. Pour moi, j'ai voulu me défendre, voilà tout; et lorsqu'il m'est arrivé d'attaquer M. de Vitrolles, c'est que les nécessités de ma défense m'y ont contraint. Je ne m'occuperai donc en aucune façon de tout ce qui, dans son libelle, n'intéresse que sa personne et sa conduite.

Je croirais également indigne de moi de relever les injures dont il a été prodigue à mon égard : M. de Vitrolles me qualifie dans ses cinquante-deux pages d'athée, de révolutionnaire, etc.; il pousse même la plaisanterie (étrange aberration de sa part) jusqu'à se constituer juge de mon intelligence. J'estime que cinquante-deux pages d'injures ne valent pas une bonne raison et qu'un fatras de cette sorte ne peut nuire qu'à son auteur.

Il me serait facile de reprendre la brochure de M. de Vitrolles ligne par ligne et de la démolir pièce à pièce; mais je juge parfaitement inutile de me donner cette peine et me contenterai de rétablir brièvement cinq ou six faits étrangement travestis.

I.

Voyons d'abord quels sont les faits désormais acquis à ma défense :

1° Il est acquis qu'à Cussey je n'ai jamais abandonné mon capitaine; que je ne suis pas rentré à Besançon, désertant le champ de bataille; que j'ai constamment, dans cette journée, obéi aux ordres des généraux Cambriels et Crouzat et du colonel de Bigot; que, de concert avec M. Ferrary, lieutenant, j'ai ramené à Besançon la plus grande partie du bataillon, et, enfin, que notre conduite nous a mérité les éloges publics d'un officier supérieur envoyé à cet effet par M. le colonel de

Bigot. En ce qui concerne tous ces faits, le rapport de M. de Vitrolles est mensonger : ceci n'est pas douteux.

2° Je n'ai jamais empêché une patrouille de la 5ᵐᵉ compagnie de faire feu sur des dragons badois : le contraire est attesté par le sous-lieutenant Reynaud, qui était à la tête de cette patrouille. Encore un fait au sujet duquel le rapport de M. de Vitrolles est convaincu de mensonge.

3° Le sous-lieutenant Peysson n'a pas eu à ramener au combat quelques hommes qui, à l'affaire de Blussans, prenaient la fuite avec moi. Cet officier atteste la fausseté de cette allégation. Troisième mensonge, qu'il faut bien reconnaître, quelque bonne volonté qu'on ait de n'en rien faire.

La justification de son rapport officiel tentée par M. de Vitrolles dans sa nouvelle brochure est une confirmation éclatante de tout ce que j'ai allégué pour ma défense; le lecteur le plus prévenu s'en convaincra aisément en comparant les textes. Ces trois passages étant les seuls du rapport de M. de Vitrolles dans lesquels je sois nominalement incriminé, je me déclare satisfait et j'ai obtenu, quant au susdit rapport, toute la justice que je désirais.

Voyons maintenant les allégations nouvelles de M. de Vitrolles.

II.

1° *J'ai donné*, d'après M. de Vitrolles, *ma démission au mois de janvier dernier pour éviter ma révocation, qui était imminente.*

J'ai donné ma démission simplement pour pouvoir me défendre en toute liberté contre les accusations contenues dans le rapport de M. de Vitrolles; les règlements militaires s'opposant à ce qu'un officier discute par la voie de la presse les actes de ses chefs, je me suis soustrait à ces règlements. Voilà la vérité.

Donc : première *erreur volontaire* de M. de Vitrolles.

2° *J'ai adressé à la division de Grenoble*, d'après M. de Vitrolles, *une plainte mêlée d'accusations dont j'ai soigneusement caché le résultat, qui ne m'a pas été favorable.*

J'ai adressé à M. le Ministre de la guerre une demande d'enquête et de rectification du rapport de M. de Vitrolles. J'ai même eu l'honneur de voir à Grenoble M. le général Neyral; il m'a appris, qu'après avoir adressé à M. de Vitrolles une lettre de reproches, il avait transmis tout le dossier de cette affaire à M. le Ministre de la guerre. M. le Ministre, ayant à s'occuper de choses plus importantes que mes querelles avec M. de Vitrolles, a vraisemblablement mis au panier rapport et réclamation : j'en eusse fait autant à sa place. Depuis, je n'ai plus entendu parler de cette affaire et ne m'en suis plus occupé.

Donc : seconde *erreur volontaire* de M. de Vitrolles.

3° *M. de Vitrolles espérait*, dit-il, *que je profiterais de ma démission pour lui envoyer mes témoins et lui faire l'honneur de me couper la gorge avec lui.*

J'y avais, en effet, songé un moment; mais j'ai chassé bien vite cette idée, car il est évident qu'un duel avec M. de Vitrolles m'aurait couvert à tout jamais d'un ridicule ineffaçable.

4° M. de Vitrolles m'accuse d'*avoir écrit contre lui dans les journaux sous le voile transparent de l'anonyme.*

Je ne sais ce qu'il veut dire et n'ai jamais écrit nulle part, avant ma brochure, une seule ligne sur son compte.

Donc : troisième *erreur volontaire* de M. de Vitrolles.

5° M. de Vitrolles me reproche *de ne m'être pas assez*

occupé de mes soldats et de n'avoir pas cherché à atténuer leurs souffrances.

Le reproche est singulier de la part de M. de Vitrolles, dont la générosité est devenue légendaire au bataillon (1), et, quelque dégoût que j'éprouve d'être obligé de m'en justifier, je me vois contraint de lui déclarer que je tiens à sa disposition mon livre de comptes ; qu'il y jette les yeux et il sera convaincu que, loin que j'aie reculé devant les sacrifices pécuniaires imposés par les circonstances, ma bourse a toujours été à la disposition de ma compagnie. Je crois inutile de m'étendre davantage sur ce sujet.

6° Arrivons à un fait nouveau, à l'affaire d'Oiselay.

A en croire M. de Vitrolles, cette accusation est certainement la plus grave à laquelle j'aie à répondre, puisqu'elle a été, d'après lui, sur le point de me conduire devant un conseil de guerre. Cependant, chose étrange, le rapport officiel de M. de Vitrolles n'en parle en aucune manière ; le rapport de M. Lesbros sur l'affaire d'Oiselay est également muet à cet égard ; muette également la lettre si malveillante pour moi (2) de ce même officier, que M. de Vitrolles a déposée à la dernière page de son libelle. Aujourd'hui, en désespoir de cause et après avoir assisté à la destruction de ses anciennes accu-

---

(1) Qu'on me permette d'en citer un exemple entre mille. Pour se faire bien venir de ses chefs, M. de Vitrolles invitait à dîner tous les lieutenants-colonels ou colonels qui traversaient nos cantonnements ; mais il avait soin de répartir la dépense entre tous les officiers, qui avaient ainsi le plaisir de contribuer pour leur argent à la prospérité de M. le commandant.

(2) La raison des complaisances épistolaires de M. le capitaine Lesbros pour M. de Vitrolles n'est un secret pour aucun des officiers du bataillon : il me serait facile de m'égayer à ses dépens sur ce sujet, mais je veux être généreux en n'en parlant point.

sations, il invente un fait nouveau auquel il m'eût été facile de répondre, s'il s'était produit plus tôt. Je n'ai pas besoin de faire remarquer cette singulière attitude, qui est déjà une grave présomption en ma faveur.

Discutons maintenant les affirmations de M. de Vitrolles :

Deux jours après, le capitaine Lesbros partait... M. Roman, quoique le plus ancien des deux lieutenants présents, préféra rester à Oiselay avec les trente-deux hommes de l'arrière-garde, plutôt que d'aller combattre, et le capitaine Lesbros accéda avec empressement à son désir.

Autant d'erreurs que de mots; voici la vérité :

Le capitaine Lesbros, en partant d'Oiselay, m'annonça que je devais rester dans ce village; j'insistai vivement pour l'accompagner; après quelques hésitations, M. Lesbros finit par me donner un ordre formel de rester, ordre auquel je dus obéir. Cet officier m'a dit plusieurs fois depuis que la seule raison qui l'avait engagé à me laisser en arrière, c'est qu'il craignait que je ne fusse pas assez bon marcheur pour l'accompagner. Du reste, M. Lesbros reconnaissait si bien que j'étais resté à Oiselay contraint et forcé, qu'il m'a plusieurs fois offert de me donner une part des prises faites à Vellexon par lui et la troupe qu'il commandait, ce que, du reste, j'ai toujours refusé d'accepter. J'invoque, au besoin, à ce sujet, son témoignage et celui de M. Aubin, lieutenant, qui était présent.

Donc : quatrième *erreur volontaire* de M. de Vitrolles.

Pendant que nos soldats combattaient à Vellexon, M. Roman, quittant son poste sans ordres, se vante d'avoir fait une reconnaissance avec 150 mobiles de la Haute-Garonne et des Hautes-Alpes, qui n'ont jamais existé que dans son imagination.

La facétie est un peu forte, et voilà vraiment un commandant bien informé ! Voici la vérité. M. Lesbros, en partant pour Vellexon, m'ordonna de partir moi-même le lendemain pour soutenir sa retraite, si c'était nécessaire. J'avais une quarantaine d'hommes des 5e et 6e compagnies et une compagnie entière de la Haute-Garonne, commandée par M. le lieutenant Deffès. Nous partîmes à quatre heures du matin et, après avoir occupé tous les villages entre Oiselay et la Chapelle-Saint-Guilhem, nous revînmes à quatre heures du soir, avec les capitaines Lesbros, Huot et leur troupe. Je fais encore appel pour ce fait à la mémoire de MM. Lesbros et Aubin, qui étaient présents.

Donc : cinquième *erreur volontaire* de M. de Vitrolles.

Quelques-uns des soldats restés avec M. Roman suivirent son exemple et se débandèrent ; mais le capitaine Lesbros, revenu à la hâte, répara ce désordre.

Je désirais garder le silence sur ce qui s'est passé à notre départ d'Oiselay pour Châtillon, car l'honneur du bataillon n'a pas à y gagner ; mais, puisqu'on m'y contraint pour ma défense, je parlerai, et clairement.

Le 13 décembre, lendemain de l'affaire de Vellexon, M. le capitaine Lesbros décida que nous repartirions pour Châtillon : vers deux heures, j'ordonnai aux sergents de rassembler leurs hommes et, en l'absence du capitaine Lesbros, qui était auprès du capitaine Huot, blessé, je fis former les rangs. Tout à coup, au moment où nous n'attendions plus que le retour du capitaine Lesbros pour partir, cinq ou six paysans poussant devant eux des bestiaux et criant : « Voilà les Prussiens ! » descendent en courant la grande rue du village au milieu de laquelle nous étions en formation, se jettent dans nos rangs et y mettent le désordre. Pris d'une terreur panique et inexplicable, mes hommes se débandent et se précipitent en désordre vers l'unique issue du village.

J'ai beau crier : Arrêtez! ils ne m'écoutent pas ; alors je me précipite au-devant d'eux et, le revolver au poing, les traitant de lâches, je les menace de faire feu s'ils ne s'arrêtent. Ils m'obéissent enfin, les rangs se reforment et, pour ôter tout prétexte à la peur, je me place moi-même, avec une trentaine d'hommes de la 6ᵉ compagnie, en tirailleurs dans un champ voisin d'où nous dominions la seule rue du village par laquelle pouvait s'avancer l'ennemi. Pendant ce temps, le reste de la troupe défile en bon ordre. Le capitaine Lesbros arrive presque aussitôt avec le capitaine Huot, blessé et étendu dans une voiture ; il prend le commandement, mes tirailleurs et moi nous nous plaçons à l'arrière-garde et nous rentrons à Châtillon sans autre incident.

Chose triste à dire : c'était une fausse alerte, et l'ennemi n'arriva à Oiselay que quelques heures après notre départ.

Donc : sixième *erreur volontaire* de M. de Vitrolles.

L'enquête sur la conduite de M. Roman à Oiselay ayant été étouffée, grâce à mes instances, cet officier n'a pas été traduit en conseil de guerre.

Autant d'inventions que de lignes. Quelques jours après, je me trouvais aux Rancenières avec M. de Vitrolles et M. de Froissard, capitaine d'état-major de la division de Besançon. Ce dernier nous montra une lettre d'un habitant d'Oiselay dénonçant la conduite de nos troupes à leur départ d'Oiselay et demandant une enquête sur ces faits. M. de Vitrolles, aussi bien informé alors qu'aujourd'hui, s'écria que ces allégations étaient d'indignes faussetés et fit appel à mon témoignage : je ne voulus pas mentir et racontai les faits tels qu'ils s'étaient passés. M. de Froissard me dit de lui envoyer un rapport de concert avec le capitaine Lesbros : je fis mon rapport, le signai et l'envoyai à M. Lesbros pour qu'il m'imitât et adressât le tout à la division de Besançon. Depuis, je n'ai plus entendu parler de cette affaire, qui n'a point eu de suite.

Je n'ai pas été appelé à la division pour répondre de mes actes, aucune enquête n'a été commencée à ma connaissance et ma conduite dans cette circonstance n'a jamais été l'objet d'un blâme quelconque. Lorsque M. de Vitrolles prétend m'avoir soustrait à un conseil de guerre, il ment sciemment et je le somme de faire la preuve de ce qu'il avance, s'il ne veut que ses allégations soient tenues pour d'insignes faussetés.

Donc : septième *erreur volontaire* de M. de Vitrolles.

Voilà ce que contient de plus sérieux le libelle de M. de Vitrolles; le reste ne mérite pas qu'on y réponde.

Encore un mot cependant : M. de Vitrolles a publié triomphalement une lettre adressée par le capitaine Guillemot à M. Sauvan pour lui offrir de le faire nommer chevalier de la Légion d'honneur : M. de Vitrolles a été l'objet d'une mystification; cette lettre est une plaisanterie faite par M. Guillemot de concert avec quelques amis; elle a eu plus de succès qu'on n'espérait, puisque M. de Vitrolles l'a prise au sérieux.

Le rôle d'un chef de bataillon ne consiste pas uniquement à s'orner de quatre galons et à se faire décorer à la fin de la campagne : il consiste surtout à maintenir une discipline sévère et à exercer une surveillance active et continuelle sur les officiers et les soldats. Au lieu de déposer deux ou trois misérables calomnies dans un rapport officiel ou dans une brochure diffamatoire, chose indigne d'un officier supérieur, il fallait agir au grand jour, provoquer, au cours même de la campagne, une enquête sur ma conduite, me briser si j'avais démérité, me déférer à un tribunal militaire si on me croyait coupable. M. de Vitrolles a manqué à tous ses devoirs en ne le faisant point.

Eh bien! cette lumière que vous fuyez avec tant de soin, je n'ai cessé de la réclamer et la réclame encore : j'ai demandé une enquête à M. le Ministre de la guerre et je défie votre audace de la provoquer et votre honneur de la subir : conseil d'enquête, jury d'honneur, j'accepte tout d'avance avec joie et avec confiance, sûr du résultat, qui sera ma justification et votre honte. Voilà le terrain sur lequel je vous provoque et vous défie.

www.ingramcontent.com/pod-product-compliance
Lightning Source LLC
Chambersburg PA
CBHW061959070426
42450CB00009BB/2205